www.ingramcontent.com/pod-product-compliance
Lightning Source LLC
Chambersburg PA
CBHW072121280526
45788CB00006B/2585
* 9 7 8 1 0 9 9 6 5 5 8 1 4 *